COURONNE FUNÈBRE

DU

GÉNÉRAL FOY.

DURAND ET PERBIN, IMPR.

Couronne funèbre

du

GÉNÉRAL FOY.

******

Si quos spes meæ, si quos propinquus sanguis tangait, etiam quos in-vidia ergà viventem movebat, illacrymabant quondàm florentem, et tot bellorum superstitem..... cecidisse.

(TACIT. Ann., lib. II, cap. 71.)

Ni ceux que mes sentimens, ni ceux que les liens du sang intéressent à mon sort, ni ceux même que *l'esprit de parti* arma contre moi pendant ma vie, ne pourront refuser des larmes à un homme naguère si florissant encore, et qui avait survécu à tant de batailles.

A PARIS,

CHEZ SAUTELET, PLACE DE LA BOURSE;

A LYON,

CHEZ TOUS LES LIBRAIRES.

1825.

✦✦✦✦✦✦✦✦✦✦✦✦✦✦✦✦✦✦✦✦✦✦✦✦✦✦✦✦✦✦✦✦✦✦✦✦✦✦✦

Avertissement des Éditeurs.

LE plus bel éloge de l'homme guerrier, citoyen
et orateur, dont la France entière déplore aujourd'hui la perte, c'est bien certainement le
concert unanime de larmes et de regrets que
font entendre les hommes de tous les partis. Nous
n'avons pas voulu que les traces d'un exemple
aussi nouveau fussent perdues; nous désirons au
contraire en perpétuer le souvenir. Tel est le
motif qui nous a suggéré l'idée heureuse de recueillir tout ce qui a été et sera dit sur l'illustre
défenseur des libertés publiques. Nous puiserons
indistinctement dans les journaux, organes de
toutes les opinions; et cet ouvrage, modèle de
franchise et de vérité, sera un nouvel hommage
à la mémoire d'un homme qui n'a jamais failli.

Journée

du Lundi 28 Novembre 1825.

....Exstinguitur ingenti luctu provinciæ et circumjacentium populorum,

(TACIT Ann lib II, cap 72.)

.... Il meurt, et un deuil universel couvre la province et les contrées voisines.

— Le bruit s'est répandu ce soir que M. le général Foy, membre de la Chambre des députés, vient de succomber à un anévrisme au cœur.

(Quotidienne.)

— Que la France se couvre de deuil ! Elle a perdu aujourd'hui un de ses plus grands citoyens : le général Foy est mort !

(Constitutionnel.)

— Un affreux malheur, une perte irréparable vient d'affliger la France : le général Foy a cessé de vivre aujourd'hui. On nous dispensera de toute réflexion. La douleur publique est, dans ces premiers momens, le seul hommage qui soit digne du grand citoyen que nous perdons.

(Journal du Commerce de Paris.)

— Le général Foy est mort la nuit dernière des suites d'un anévrisme au cœur. La France perd en lui un de ses plus illustres citoyens, et la Chambre des députés un de ses orateurs les plus éloquens.

(Pilote.)

— C'est avec une profonde douleur que nous annoncons une nouvelle qui plongera dans le deuil la France entière. Le général Foy est mort aujourd'hui à deux heures vingt minutes, dans son domicile, rue de la Chaussée - d'Antin, n.° 62, des suites d'un anévrisme au cœur. Cette funeste maladie, il y a peu de temps encore, ne paraissait altérer en rien son activité et son énergie ; mais depuis huit jours, elle avait fait d'effrayans progrès, et elle a terminé dans d'horribles souffrances une vie précieuse à la patrie. Les derniers momens du général Foy ont été admirables comme sa vie entière : quel autre sentiment pouvait troubler une ame comme la sienne, que le regret des services qu'il eût rendus encore

à son pays, la douleur d'une épouse digne de lui
et de cinq enfans en bas âge? Il ne laisse à cette
famille éplorée qu'une fortune modique; mais
il lui transmet la plus belle des illustrations, un
nom que la vénération publique honorera jusque
dans ses derniers descendans. Sa vie ne fut qu'un
long dévoûment à sa patrie : pendant vingt-cinq
ans de guerre, son sang coula sur les champs de
bataille; pendant dix années de paix, sa voix défendit les droits de ses concitoyens. Depuis Mirabeau la tribune nationale n'avait point retenti
d'aussi mâles accens; mais combien l'admiration
s'augmentait lorsque dans le grand orateur on re-
connaissait le guerrier illustre, lorsque sur ce visage où brillait l'enthousiasme, on apercevait les
traces du fer ennemi, lorsque dans le grand citoyen on voyait briller toutes les vertus privées,
toutes les affections nobles et tendres dont la nature place le foyer dans une belle ame! Jamais le
génie ne fut uni à tant de bonté, et si l'on avait
pu oublier un moment les sublimes talens dont le
ciel l'avait doué, il eût fallu encore aimer, honorer en lui le meilleur et le plus généreux des
hommes. Le général Foy était dans sa cinquan-
tième année. Quelle carrière riche encore d'avenir la mort vient de fermer ! quelle perte pour la
France ! quel sujet d'éternelle douleur pour ceux
qui ont eu le bonheur de l'approcher et de le
connaître !

Les obsèques du général Foy auront lieu après

demain mercredi 3o novembre. Les Français qui
l'ont aimé, qui l'ont admiré, qui pleurent sa
mort, pourront lui rendre un dernier et doulou-
reux hommage; ce n'est point ici une perte or-
dinaire, ce n'est point la douleur d'une famille et
de quelques amis ; c'est une calamité publique,
c'est un deuil national.

(Courrier Français.)

— Quelles qu'aient été les opinions politiques
du général Foy, nous ne serons démentis par
personne, en affirmant que cet illustre orateur
emporte les regrets de tous les partis.

(Journal des Débats.)

— M. le général Foy (Maximilien-Stanislas) est
mort hier à deux heures, d'un anévrisme au cœur,
à l'âge de 5o ans. La maladie dont il était atta-
qué, et dont il souffrait depuis long-temps, ne
l'empêchait pas de se livrer à ses occupations;
mais depuis huit jours le cœur avait pris un tel
développement, que ce n'était que couché sur le
dos qu'il pouvait respirer.

(Etoile.)

Journée

du Mardi 29 Novembre 1825.

Tanta illi comitas in socios , mansuetudo in hostes : visuque et auditu juxta venerabilis .... invidiam et arrogantium effugerat.

.... Hunc autem erga amicos , modicum voluptatum , flebunt etiam ignoti.

(TACIT. Ann. lib. II , cap. 72 73)

Quelle affabilité avec ses alliés ! quelle douceur envers ses ennemis! Sa vue, ses paroles imprimaient également le respect . son ame était inaccessible à tout sentiment de haine ou d'arrogance

Il était doux avec ses amis , modéré dans les plaisirs. Ceux même qui ne le connaissaient pas , donneront des larmes à sa mort.

— La France pleure un de ses plus nobles enfans; l'armée a perdu un de ses plus vaillans capitaines; la liberté, le plus éloquent de ses défenseurs. Le général Foy, jeune encore, a terminé ses jours hier, 28 novembre, à une heure trente-huit minutes de l'après-midi, jour d'affliction pour tous les amis de la patrie. Ce sinistre événement a bientôt parcouru la capitale attristée ; le soir, on n'entendait de toute part que cette douloureuse exclamation : *Le général Foy est mort! Quelle perte irréparable! Quel malheur!* Telles sont les paroles qui sont sorties de tous les cœurs, et que répéteront tous les Français en deuil.

Depuis huit jours, les gens de l'art avaient perdu l'espoir de sauver l'illustre orateur ; nous ne l'ignorions pas, et nous le taisions à la France, comme on cache à une tendre mère les dangers d'un fils chéri.

Cette nouvelle douleur va la saisir au milieu de toutes les angoisses qui déchirent son sein. Athènes et Rome n'ont pas versé plus de larmes sur les cendres de leurs guerriers que Paris n'en répandra sur la tombe d'un héros citoyen. Et ces larmes ne seront point stériles! Quand un des nobles défenseurs de la Grèce payait le tribut à la nature, la Grèce entière adoptait les orphelins qui étaient restés en bas-âge. « Puissant aiguillon, dit Thucydide, pour exciter la vertu parmi les hommes ; car elle se trouve toujours là où le mérite est le mieux récompensé. » La France suivra un si noble exemple, elle sera la mère adoptive des jeunes enfans de l'homme illustre qui meurt dans toute la pureté de sa gloire, de l'orateur national qui vécut et qui mourut pour elle. La vie que cent fois il risqua sur les champs de bataille pour l'indépendance de son pays, il l'abrégea en défendant chaque jour ses libertés menacées, car il avait cette ardente sensibilité que donne le génie, et qui fait mourir.

Soldat à dix-huit ans, général à trente, l'armée n'a pas conquis une couronne où il n'ait attaché un laurier. Quand les suffrages de ses concitoyens le revêtirent de la toge législative, il révéla à la France étonnée le talent sublime d'un orateur long-temps exercé aux débats du *forum;* et comme si toutes les illustrations devaient naître de ce vaste foyer de gloire dont elle a couvert le monde, c'est du sein des défenseurs armés de son indépendance qu'est sorti le défenseur le plus énergique de ses droits : c'est parmi ses guerriers qu'elle a trouvé son Démosthène.

Ce cœur si noble et si généreux n'avait pas un battement qui ne fût pour son pays. Qui n'a retenu les brillantes improvisations de sa vive éloquence ! Jamais sa voix ne manqua à la défense d'un opprimé, à la dénonciation d'un abus. Il étoit à la tribune comme au champ d'honneur, toujours le premier, toujours le dernier. Il forçait la haine même à l'admiration de son talent, et la servilité au respect de son caractère; le pouvoir était forcé de l'entendre, et l'esprit de parti l'écoutait.

Hélas ! le repos était nécessaire à sa vie, et le repos ne pouvait entrer dans une ame toujours

agitée des malheurs de son pays ; il fallait, pour
qu'il vécût, que la liberté légale ne courût plus
de risques : il a dû mourir !

Quelques jours avant la dernière crise qui l'a
conduit au tombeau, il était tout entier aux
travaux de cette session prochaine qui imposait
tant de devoirs et qui promettait tant de triomphes
à son éloquence. Je le vois encore dans ce cabinet où ma douleur trace à la hâte ces lignes en
désordre ; je le vois s'enflammer à l'aspect des
douleurs de la patrie, et m'ouvrir les trésors de
cette ame si expansive et si grande ! je croyais
le voir à cette tribune où tant de fois j'admirai
son mâle courage et son dévoûment sublime !
Hélas ! il n'y devait plus monter ; déjà la tombe
était entr'ouverte sous ses pas !

Parlerai-je de ses vertus privées, de cette candeur, de cette simplicité de mœurs, de cet
abandon qui donnaient tant de charmes à l'inti-
mité de son commerce ? Des voix plus éloquentes
célèbreront cette vie si belle, digne d'un homme
de Plutarque. Aujourd'hui, je devance mon pays
tout entier en répandant la première larme sur
une tombe que la France couvrira de ses lauriers
et de ses regrets.

Pur comme son talent, il garda sa vertu au
milieu du naufrage de tant de renommées. Son
désintéressement égalait son courage : il ne laisse
d'autre fortune que son épée et le souvenir de sa
vie ; une épouse digne de lui, cinq enfans en

bas âge, tels sont les objets chéris qu'il lègue à la France, et que recueillera avec une religieuse douleur la reconnaissance nationale.

La mort de cette illustre orateur n'est pas seulement une perte pour le pays qui l'a vu naître ; sa gloire appartenait à la civilisation, dont il a soutenu les droits : son deuil sera porté par les deux mondes.

ETIENNE, *son ancien collègue et son ami.*

(Constitutionnel.)

— Le lieutenant-général Maximilien-Stanislas, comte Foy, membre de la Chambre des députés, est mort hier lundi des suites d'un anévrisme au cœur. Cette cruelle maladie, il y a peu de temps encore, ne paraissait altérer en rien son activité, son énergie ; mais, depuis huit jours, elle avait fait d'effrayans progrès. Il laisse une veuve et cinq enfans en bas âge.

Quelles qu'ayent été les opinions politiques du général Foy, nous devons des regrets à sa mémoire et des éloges à ses talens. Sa carriere à été courte, mais pleine, et elle n'a pas manqué d'illustration. Comme guerrier, il s'est signalé par de nombreux faits d armes en Portugal et en Espagne ; comme orateur, il s'est acquis une réputation que l'esprit de parti a peut-être exagérée, mais qu'il justifia dans plus d'une occasion par une éloquence mâle, impétueuse, entraînante. Nous aimons surtout à lui rendre cette justice qu'au milieu des discussions les plus orageuses qui s'élevèrent souvent à la Chambre des députés, il dédaigna toujours l'arme des personnalités; arme meurtrière, il est vrai, mais qui n'honore point celui qui s'en sert, et dont nous avons vu cependant plusieurs de ses collègues du côté gauche faire un trop fréquent usage. Le général Foy cherchait à convaincre, et ne s'affranchissait jamais des convenances parlementaires.

(Drapeau blanc.)

—La France a perdu le général Foy : cette perte est irréparable. Un tel citoyen n'a pu être formé dans des temps ordinaires. Tant de vertus, de hautes qualités de l'ame et de l'esprit ont eu besoin, pour paraître au jour et pour valoir tout leur prix, d'être exercées et d'être éprouvées par une révolution aussi féconde en grands événemens que celle dont nous sortons. Le général Foy a franchi glorieusement des écueils où ont péri beaucoup de vertus et de renommées.

Destiné d'abord au barreau, il fut averti de sa vocation guerrière par un sentiment patriotique, lorsqu'en 1791 les armées coalisées envahirent nos frontières. Son éducation et la promptitude de son intelligence lui firent un jeu des études militaires. Il parvint en peu de temps au grade de capitaine d'artillerie; sa valeur, ses talens, son activité infatigable eurent pour témoins les généraux Dumouriez, Dampierre, Custine', Houchard, Jourdan et Pichegru.

Toujours citoyen au milieu des camps, il n'échappa point à la haine du représentant Joseph Lebon. Les événemens du 9 termidor l'arrachèrent à la mort qu'il avait noblement méritée.

Appelé à l'armée du Rhin, il se distingua dans la retraite de Moreau et à l'assaut de la tête du pont d'Huningue, au passage du Rhin, à Dirscheim.

Il avait sans doute pénétré les desseins du jeune conquérant qui devait bientôt détruire la liberté : il ne voulut pas l'accompagner en Egypte en qualité d'aide-de-camp. Plus tard, il refusa son vote au consul qui voulait se perpétuer dans le pouvoir.

Son mérite le rendait trop nécessaire pour qu'il pût rester long-temps dans la disgrace, ou du moins dans l'inaction. Il rendit à l'armée les plus grands services en Hollande, en Autriche et dans le Frioul. En 1807, il fut envoyé à Constantinople à la tête de douze cents canoniers, et il défendit les Dardanelles contre l'escadre anglaise et l'escadre russe. Il fit ensuite, comme maréchal-de-camp et comme lieutenant-général, les campagnes de Portugal et d'Espagne ; et, en 1814, il coopéra par une savante manœuvre, à la retraite de l'armée française.

Le général Foy reçut à Waterloo sa dernière blessure. Il paraissait résolu à consacrer le reste

de sa vie à la retraite et à la méditation, il s'occupait à mettre en ordre des notes recueillies dans
le cours de ses longs travaux et de ses campagnes, lorsque les électeurs du département de
l'Aisne le portèrent à la législature.

Une nouvelle carrière s'ouvrit pour le général
Foy; la tribune révéla tout-à-coup dans l'illustre
militaire, dans le citoyen intègre, un des orateurs les plus éloquens, un des plus grands
hommes d'état qui eussent encore siégé parmi nos
législateurs. On admira en lui une science profonde des affaires publiques, unie au don de
persuader, d'émouvoir, d'entraîner une assemblée par la double autorité du talent et du caractère. On se demanda comment un général d'artillerie avait pu devenir à-la-fois publiciste, finan-
cier, économiste, jurisconsulte; quelles heures
de loisir lui avaient laissées tant de batailles, de
siéges, de courses dans toutes les parties de
l'Europe, pour amasser des connaissances dont
la réunion semblait exiger de longues années
passées dans le silence du cabinet et dans la
pratique de la vie civile?

La puissance oratoire du général Foy avait
son principe dans une ame généreuse, inces-
samment et ardemment excitée par l'amour du
bien public. Il lui devait cette élocution facile et
brillante, ces formes originales, ces mouvemens
inattendus qui commandaient l'attention de tout
un auditoire, saisissaient les esprits les plus pré-

venus et les disposaient à la persuasion. Nous
avons vu souvent l'assemblée agitée par des débats passionnés, s'apaiser aux premières paroles de l'illustre orateur, prêter l'oreille et ac-
cueillir des propositions plusieurs fois repous-
sées. Nous avons vu le général Foy ramener d'un
mot, au sujet de la délibération, la chambre dis-
traite par des digressions qui semblaient intermi-
nables.

Mais cette autorité imposante, il la devait surtout à une renommée que l'envie n'osait contre-
dire, et qui prévalait contre l'injustice des partis;
il la devait à une réputation de loyauté longue-
ment et péniblement éprouvée.

Tel est le grand citoyen dont la France déplore la mort prématurée. Combien cette mort
doit nous paraître plus douloureuse encore,
quand nous considérons quelle grande place elle
laisse à remplir dans cette assemblée, où la liberté
compte si peu de défenseurs! L'opposition n'avait
pas besoin que la mort vînt éclaircir ses rangs,
et doubler d'un coup la force numérique de ses
ennemis. C'était assez de ce qu'avait déjà fait un
parti violent et corrupteur, c'était assez de ce
qu'il pouvait faire encore durant les cinq années
qui lui restent, sans cette nouvelle calamité
publique.

(Journal du Commerce de Paris.)

—Nous ne pouvons qu'unir nos regrets à ceux

des amis de l'illustre défunt. Cette perte n'en est pas une seulement pour sa famille et pour ses amis, mais pour l'armée et pour la tribune, ajoutons même pour le service du roi. M. le général Foy portait gravé dans son cœur les mots de *monarchie constitutionnelle*. Divisés d'opinion avec lui sur les moyens de l'établir en France, nous sommes persuadés qu'il n'eût pas différé de sentiment avec nous, quand il se serait agi de la défendre contre des attaques étrangères ou des complots intérieurs. Félicitons-nous de voir que les mœurs constitutionnelles aient fait de tels progrès en France, que les partis puissans, comme en Angleterre, rendent hommage aux beaux talens et aux beaux caractères qui honorent les partis opposés. C'est un symptôme rassurant des dispositions que montrent tous les esprits pour sortir de l'aigreur des révolutions, et entrer franchement dans les conditions pacifiques de la *monarchie représentative*.

Nous consacrerons une notice sincère à la mémoire du général Foy, qui a su, comme général, mériter la reconnaissance du pays, et, comme député, se concilier, dans tous les temps, l'estime de ses adversaires politiques.

(Journal de Paris.)

—La perte irréparable que la France vient de faire avait jeté aujourd'hui un voile de deuil sur la capitale; la consternation était peinte sur tous

les visages ; les citoyens s'abordaient tristement :
Il est mort ! tel était le premier mot qui sortait
de leur bouche. Il y a long-temps qu'on n'a-
vait vu une tristesse aussi unanime ; il y a long-
temps aussi que la mort d'un seul homme n'a-
vait porté un coup si funeste à la patrie.

La carrière militaire du général Foy avait
commencé à Jemmapes, et s'était terminée à Waterloo. Son sang avait coulé au premier jour de
nos triomphes , et au jour où finit la gloire de
nos armes. Un grand courage et de grands talens
l'avaient porté aux premiers grades de l'armée.
L'Allemagne , l'Italie, l'Espagne, le Portugal
furent les théâtres de sa gloire ; et après avoir
exercé d'importans commandemens, il n'avait
rapporté dans ses foyers que de nombreuses bles-
sures et un nom déjà célèbre ; il avait servi son
pays sans songer à sa fortune.

Les loisirs de la paix apprirent à la France que,
dans un de ses plus illustres capitaines , elle
possédait le plus grand orateur qui ait paru depuis Mirabeau. La postérité relira avec admiration les harangues qu'il prononça à la tribune ;
la jeunesse apprendra , en les étudiant, tout ce
qu'un caractère incorruptible ajoute d'éclat au
talent, tout ce qu'une âme généreuse, une vie
irréprochable et toute consacrée à la patrie don-
nent de puissance et d'autorité à l'éloquence. Il
avait soumis à l'ascendant de sa parole les hommes des opinions les plus opposées ; on l'écoutait

avec recueillement ; ceux mêmes qui étaient le plus éloignés de partager ses principes politiques savaient que dans ses discours il y avait toujours d'importantes leçons à recueillir et de nobles sentimens à applaudir. Quelles sublimes inspirations ! quelle force entraînante ! quel amour brûlant de la patrie et de la liberté ! quelle hauteur de raison ! quelle profondeur et quelle variété de connaissances ! C'était le langage du génie inspiré par le patriotisme et la vertu.

Bientôt s'ouvrira cette chambre où il laisse un vide immense. Quand de grandes questions d'intérêt public se présenteront, les yeux se porteront sur la place qu'il occupait ; on invoquera vainement les lumières de ce génie qui vient de s'éteindre, les accens de cette voix qui s'est tue pour toujours. C'est alors qu'on verra tout ce que la mort nous a ravi, c'est alors que se rouvrira la blessure qui saigne dans tous les cœurs francais, c'est alors que sa mémoire recevra un nouveau tribut de larmes.

Le général Foy avait vécu pour la France, il est mort pour la France. Déjà dans la dernière session, sa santé altérée lui avait rendu très pénible l'exercice de ses fonctions législatives. Hélas ! s'il eût eu moins d'amour pour son pays, s'il eût plus consulté ses forces que son zèle, il eût pu vivre encore ; la France, sa famille, ses amis l'eussent conservé peut-être encore pendant de longues années. Ceux qui ne

l'ont vu que sur le champ de bataille ou à la tribune savent tout ce que la patrie a perdu. Mais
ceux qui l'ont approché , qui ont connu cette
ame si noble, si généreuse, qui ont vu dans l'in-
térieur de sa famille cette bonté , toujours si ai-
mable et si touchante lorsqu'elle est unie au
courage et au génie , ceux-là seuls connaissent
toutes les vertus que la mort vient de frapper ;
pour ceux-là le sentiment d'un malheur privé se
joint au deuil national.

Dans l'antiquité , le pays qui eût produit un
tel citoyen aurait adopté sa famille. La France ne
sera pas ingrate envers lui ; nous en avons pour
gage la douleur publique et l'affluence de citoyens qui se pressaient aujourd'hui dans nos bureaux ; chacun voulait savoir l'heure de ses funérailles ; chacun venait proposer quelque moyen
d'honorer sa mémoire d'une manière digne de la
reconnaissance d'un grand peuple. Militaires ,
marchands , artisans , tous ne prononcent son
nom qu'avec une douleur mêlée d'un juste or-
gueil ; tous veulent suivre jusqu'au dernier asile
la dépouille de celui qui fut le défenseur de leurs
droits, le soutien de leurs libertés , la gloire de
leur pays. Quand Mirabeau mourut, les spectacles furent fermés ; l'homme que la France vient
de perdre fut aussi grand peut-être que Mirabeau comme orateur, mais il fut à coup sûr plus
grand comme citoyen ; les spectacles seront ou-
verts cependant, mais on s'apercevra que le peu-

ple sent le coup dont il vient d'être frappé. Quel citoyen digne de ce nom, quel jeune Français pourrait, dans un pareil jour, avoir l'idée de mêler des plaisirs frivoles au deuil de la patrie?

(Courrier Français.)

—M. le lieutenant-général comte Foy, membre de la Chambre des députés, est mort hier des suites d'un anévrisme. Il n'était âgé que de cinquante ans. Il laisse une veuve et cinq enfans avec une fortune très modique. La nouvelle de ce triste événement s'est répandue hier au soir avec une grande rapidité, et elle a produit l'impression la plus pénible sur tous les esprits. Tous les partis s'honorent en donnant également des regrets à la perte si prématurée d'un officier général et d'un orateur aussi distingué dans les camps qu'à la tribune.

(Moniteur.)

—M. Charles Dupin, dans le discours d'ouverture de son cours normal de géométrie et de mécanique qu'il a prononcé aujourd'hui au Conservatoire, a vivement insisté sur la nécessité où nous sommes de soutenir la lutte contre l'Angleterre ; il a rassuré la France, en rappelant quelle est la promptitude de son génie, avec quel enthousiasme une idée utile est accueillie de nos jours ; et, répétant d'une voix attendrie un mot heureux de l'immortel orateur que nous venons de perdre : *Il n'y a d'écho en France que pour les idées*

(25)

généreuses, s'est-il écrié au milieu des applau-
dissemens et des larmes de son auditoire : premier
et touchant hommage de deuil, rendu, dans le
sanctuaire paisible de la science et du travail, à
celui qui versa son sang pour la patrie sur les
champs de bataille, et qui meurt pour elle épuisé
de fatigue au pied de la tribune nationale !

(Globe.)

— Le Constitutionnel nous reproche d'avoir
annoncé sèchement la mort du général Foy (1).
Il est des positions où des éloges seraient dé-
placés. Telle est la nôtre.

(Etoile.)

— STANCES SUR LA MORT DU GÉNÉRAL FOY.

Pleurez, Français, pleurez ! la patrie est en deuil ;
Pleurez le défenseur que la mort vous enlève ;
Et vous, nobles guerriers, sur son muet cercueil,
Disputez-vous l'honneur de déposer son glaive !

Vous ne l'entendrez plus l'orateur redouté,
Dont l'injure jamais ne souilla l'éloquence ;
Celui qui, de nos rois, respectant la puissance,
En fidèle sujet, parla de liberté :
Le ciel, lui décernant la sainte récompense,
A commencé trop tôt son immortalité !

Son bras libérateur dans la tombe est esclave ;
Son front pur s'est glacé sous le laurier vainqueur,

---

(1) Voir l'article de l'Étoille, page 10.

Et ce signe sacré, cette étoile du brave,
  Ne sent plus palpiter son cœur.

Hier, quand de ses jours la source fut tarie,
La France, en le voyant sur sa couche étendu,
Implorait un accent de cette voix chérie........
Hélas ! au cri plaintif jeté par la patrie,
C'est la première fois qu'il n'a pas répondu! ·

DELPHINE GAY.

. —Les obsèques du général Foy seront célébrées demain mercredi. Le convoi partira de sa maison, rue de la Chaussée-d'Antin, n.º 62, à une heure et demie, pour se rendre à Notre-Dame de Lorette, rue du Faubourg-Montmartre.

Aucune lettre d'invitation n'a été envoyée, attendu le nombre immense de ses amis.

(Constitutionnel.)

Journée

du Mercredi 30 Novembre 1825.

Funus sinè imaginibus et pompâ, per laudes et memoriam virtutum ejus celebre fuit.

... Passim silentia et gemitus, nihil compositum in ostentationem

(TACIT lib II cap 72)

Les funérailles furent célébrées sans ornement et sans pompe, l'éloge et la mémoire du grand homme en faisaient tout l'éclat

Partout le silence et les sanglots, point de feinte, point d'ostentation

(Cinq heures du soir.)

Paris en deuil suit en ce moment le corps du général Foy. La foule est immense : pairs, députés, généraux, étudians, commercans; ouvriers, tous marchent à pied, pêle-mêle, sous une pluie battante. Le peuple n'a pas voulu de corbillard , on porte le corps ; et derrière, deux pauvres enfans suivent aussi portés à bras. Royer - Collard oublie qu'hier il pleurait un frère (1); le voilà maître de sa douleur privée, s'unissant à la douleur nationale. Le cortége n'arrivera pas avant six heures au cimetière : la nuit va couvrir de son ombre nos funèbres adieux. Depuis Mirabeau , pareils honneurs n'ont point été rendus à un citoyen. Il est triste, ce spectacle; mais il est grand, il est consolant. Le peuple a donc de la mémoire! Et les partis, ils peuvent donc se réunir auprès du tombeau de l'homme de bien ! Des amis, des orateurs illustres vont exprimer la douleur de la France. Il ne nous appartient pas de les prévenir; mais rendons-nous du moins les interprètes de cette jeunesse qui se presse sur leurs pas. La mort peut lui enlever ceux qui furent ses guides; mais leur mémoire, mais leurs doctrines restent : elles vivront , elles triompheront , quoi qu'on fasse. Camille Jordan en reçut le serment il y a quatre ans; la jeunesse de France le renouvelle ce soir sur la tombe de Foy.

(Globe.)

---

(1) M. Royer-Collard, frère de l'honorable député, professeur à la faculté de médecine de Paris, médecin en chef de la maison royale de Charenton, membre de l'Académie royale de médecine, a été frappé, le 27 novembre, d'une mort aussi prompte qu'inattendue.

— Les funérailles du général Foy ont été célébrées aujourd'hui. Cette cérémonie funèbre a présenté un caractère de simplicité et de grandeur en parfait accord avec la douleur publique, digne de l'éloquent orateur qui a illustré notre tribune législative, du citoyen sublime dont la France porte le deuil. Ces pompes fastueuses, ces brillantes décorations où triomphe le génie des arts, étaient absentes de cette lugubre solennité accompagnée de regrets si vifs, et où tant de larmes ont été versées : un simple char, un simple cercueil, les insignes du plus haut grade militaire mérités par tant de services, cette épée, symbole de l'honneur, cette épée, si souvent victorieuse pour la patrie, voilà ce qui fixait les regards, voilà ce qui rappelait de glorieux et touchans souvenirs. Que les superbes ornemens des funérailles, que ce vain luxe de la mort soit réservé pour les favoris de la fortune et du pouvoir ! ils en ont besoin pour triompher de l'indifférence publique.

Il était facile de le prévoir, l'élite de la jeunesse et des notables habitans de la capitale s'était rendue à l'hôtel du général Foy ; l'affluence était si considérable, que toutes les rues adjacentes et une partie des boulevards étaient remplis de citoyens accourus de tous les quartiers de Paris pour accompagner à sa dernière demeure le courageux défenseur des libertés nationales. La tristesse était empreinte sur tous les fronts, tous les yeux étaient mouillés de pleurs, et un

religieux silence annonçait de quelle douleur
profonde tous les cœurs étaient pénétrés.

Dans cet immense concours, on remarquait
des femmes d'un rang honorable, de jeunes filles
vêtues de deuil, des vieillards affaiblis par l'âge;
quelques mères suivaient le cortége, tenant leurs
enfans par la main; on eût dit que cette assemblée ne formait qu'une seule famille, qui dé-
plorait en commun la perte douloureuse d'un
père, d'un protecteur et d'un ami.

Le convoi funèbre est sorti de l'hôtel où de-
meurait le général Foy, rue Chaussée-d'Antin,
et a passé par la rue Saint-Lazare, pour se rendre à l'église Saint-Jean, rue du Faubourg-
Montmartre, où il est arrivé à deux heures. C'est
là que les cérémonies religieuses ont été célébrées. L'église était trop peu vaste pour contenir
le nombre des assistans. La plus grande partie
est restée au-dehors. Des cinq enfans du général,
trois assistaient aux prières ainsi que des pairs
de France, des maréchaux, des députés et des
militaires de tout grade.

La pluie qui tombait par torrens, au sortir de
l'église, n'a point dérangé l'ordre de la marche
pour se rendre au cimetière du P. Lachaise. Le
cercueil n'était point sur le corbillard; une foule
de jeunes gens s'étaient disputé l'honneur de
porter le corps. Ils se relayaient dans la route;
ils avaient la tête nue, ainsi que ceux qui suivaient et qui précédaient le convoi; ils ne parais-

saient animés que d'un sentiment, celui de rendre un dernier hommage au génie et à la vertu. Malgré l'inclémence du temps, l'affluence grossissait à chaque instant ; la pluie a duré jusqu'à la rue du Chemin-Vert.

Arrivés au cimetière du P. Lachaise, les trois enfans et les amis du général se sont rangés au bord de la fosse. Les quatre coins du poêle avaient été portés à l'église par le général Miollis, le duc de Choiseul, M. Méchin et M. Casimir Périer. Le corps a été descendu dans la fosse, au milieu d'un recueillement religieux et d'une vive douleur. Alors M. Casimir Périer a prononcé le discours suivant :

« Messieurs,

« D'éternels regrets s'attacheront à cette journée de deuil. Le roi et l'armée ont perdu un habile capitaine, la chambre des députés l'un de ses membres les plus illustres, la nation un grand citoyen, la liberté du monde un éloquent interprète.

« Le général Foy n'est plus! Noble France, tu attendais le moment de voir reparaître à la tribune cet athlète infatigable et tant de fois couronné ! Pleure maintenant, voilà sa tombe ouverte ! Enlevé par un coup de foudre, ton intrépide défenseur, ton mandataire fidèle interrompt tout-à-coup deux carrières de gloire.

« Quelle vie pleine et courte !

« Né en février 1775, lieutenant d'artillerie à seize ans, officier supérieur à vingt ans, général depuis la première campagne de Portugal, il a servi, commandé, vaincu presque dans toute l'Europe ; cependant il comptait à peine dix lustres accomplis. Ses exploits militaires commencent à Jemmapes, et ne finissent qu'à notre dernière bataille, où il fut blessé pour la quinzième fois.

« Ici commence pour le général Foy une suite inattendue de nouveaux triomphes ; mais il ne les a remportés que parce qu'il s'y était préparé sans les prévoir, comme la vertu se tient toujours prête pour n'être jamais surprise.

« Élevé, jeune encore, à un grade supérieur, le général Foy profita de l'espèce de solitude volontaire que son rang lui permettait pour transformer sa tente ou son bivouac en un cabinet d'études. Au sortir du champ de bataille, il courait à ses livres. Chez le général Foy, la conception était vive, le coup-d'œil prompt et sûr, et cependant l'esprit observateur. Le caractère des soldats qu'il commandait, la nature du pays, les mœurs des habitans, les ennemis qu'il devait combattre, leur système guerrier, l'art de gouverner les peuples, qui est le plus grand moyen de les soumettre, rien n'échappait à ses regards. Voilà le secret de cette instruction prodigieuse et variée dont il répandait les trésors du haut de la tribune, sans les épuiser jamais : tel est aussi le secret de son éloquence ; chez lui, la richesse des choses enfantait à la fois la richesse et l'économie des paroles.

« Mais ne craignez pas, Messieurs, que je sois assez imprudent pour essayer de retracer devant vous les prodiges de la haute éloquence du général Foy. Vous l'avez entendu , vous savez comme il était puissant à la tribune ; rien ne lui résistait, soit qu'il entreprît de défendre, ou la liberté individuelle, ou l'inviolabilité des élections du peuple, ou la liberté de la presse, ce palladium de la Charte constitutionnelle. Avec quel courage il attaquait les abus de l'administration ; avec quelle sagesse il réclamait pour elle l'appui légitime que lui doivent les chambres ! Dans l'ardeur de son zèle contre le mal, il était l'opposition vivante et armée ; dans la prévoyance éclairée de son amour pour le bien, on sentait qu'il avait délibéré en ministre sur les questions qu'il devait traiter comme interprète de notre chambre des communes ; chez lui l'homme d'état gouvernait l'orateur. Ah ! qu'il fut touchant lorsqu'il réclamait pour ses compagnons d'armes ces faibles dotations que l'on voulait arracher à quelques pauvres soldats échappés à tant de chances de mort ! Qui de nous put retenir ses larmes, lorsque s'exprimant en père et en défenseur des guerriers mutilés qu'il avait conduits jadis à la victoire, il voulait arracher les vainqueurs de l'Europe à la honte et au malheur de demander l'aumône comme Bélisaire ? et tout-à-coup quelles inspirations sublimes il puisait dans les hauteurs de son ame ! Vous souvient-il, Messieurs, du jour où, d'un seul mot, il replaça la majesté royale presque compromise par un imprudent organe du pouvoir, dans un sanctuaire inaccessible aux passions humaines ! on l'eût pris pour un interprète de la Charte qui rappelait pour elle un ministre du prince au plus religieux de ses devoirs. Mais je me laisse entraîner par mon cœur; excusez ma témérité, Messieurs; parler devant vous du général Foy comme orateur, c'est toucher aux armes d'Achille. Je m'arrête; je confie à vos souvenirs ce prince de la tribune.

« Pleurons la perte immense que la patrie a faite; pleurons l'élève de nos grands capitaines et le successeur que toute la France leur eût choisi dans un nouveau péril; pleurons un citoyen intègre, l'émule de Fox et de Mirabeau, et le meilleur des hommes. L'amitié seule a pu le connoître sans aucun voile. Le général avait conservé la simplicité de mœurs et le désintéressement de l'école guerrière enfantée par l'élan sublime du peuple français; il servait la patrie et ne lui demandait rien; il ne rapporta des triomphes de la guerre que des couronnes de laurier, des triomphes de la tribune que la couronne civique.

« Avec des talens d'un ordre si élevé, son commerce était doux et facile; il ne cherchait

jamais à vous imposer le joug de sa supériorité ;
on eût dit qu'il respectait l'égalité jusque dans
les relations sociales ; sa conversation avait un
charme singulier , parce que les traits de son
esprit avaient passé par son cœur. Que ne l'avez-
vous vu comme nous, Messieurs, au milieu de sa
famille ! Epoux sensible et tendre, père éclairé et
plein de bonté, il cherchait dans ses filles les
images fidèles de leur mère; il se réjouissait
d'avoir des fils pour les présenter un jour, tout
en armes, à l'autel de la patrie, comme il s'y était
présenté lui-même au sortir de l'adolescence.

« Peut-être espérait-il leur transmettre le courage et les vertus qui s'apprennent surtout par
la puissance des exemples. L'infortuné n'aura
pas le bonheur d'achever son ouvrage, il expire
au moment où les plus âgés d'entre eux com-
mençaient à pouvoir entendre les hautes leçons
du talent. La mort arrache à leur inexpérience
un guide qui ne leur laisse peut-être que son
nom, et une femme forte pour mère, qui fera
ses efforts pour remplacer un tel appui et un tel
maître. Ah ! si cette pensée qui m'afflige nous ré-
vélait la vérité, la France la saurait bientôt, la
France est reconnaissante, elle adopterait la famille de son défenseur.

« Reposons-nous sur cette pensée et saluons
une dernière fois, au nom de la patrie, au nom
de l'éloquence , au nom de la sainte amitié , le
guerrier, le citoyen, l'orateur, l'homme d'état
illustre qui a bien mérité d'elles.

« Se peut-il qu'une tombe si étroite cache tant de choses enfermées à jamais dans une froide dépouille ! Ah ! que la vie serait une déception cruelle, que les pertes de l'amitié seraient une douleur insupportable , et la mort une énigme sans mot , si l'immortalité ne nous apparaissait pas sur la tombe de la gloire et de la vertu ! »

Les derniers mots du discours de M. Casimir Périer ont été répétés avec enthousiasme , et lorsqu'il a dit : *La France adoptera la famille de son défenseur* , mille voix ont répondu : *Oui , oui , les enfans du général Foy sont les enfans de la patrie ! honneur au général Foy !*

Un des dignes vétérans de la gloire française, le général Miollis, quoiqu'il relevât à peine de maladie , a suivi le cercueil du général , dont il était un des plus sincères et un des plus vieux amis. Ce n'est qu'avec peine qu'il est parvenu jusqu'au bord de la fosse, où il a prononcé d'une voix suffoquée par ses sanglots les paroles suivantes :

« La mort a frappé un être digne d'hommages universels. Que nos souvenirs se portent dans les camps, dans la société, à la tribune, ils offriront toujours le nom du général Foy à l'admiration et à la reconnaissance des Français. Ce grand citoyen, enlevé prématurément à nos vœux et à nos espérances, nous laisse à des regrets éternels.

« Je vous salue, mânes immortelles, avec les larmes de la douleur ! Cette tombe rappellera le génie constamment inspiré par la vertu. Épouse digne d'un si grand caractère, agrée ce témoignage par la consolation dans tes enfans consacrés à la gloire et à l'honneur! Les éloquens et sensibles collègues de l'illustre ami que nous avons perdu, retraceront cette vie donnée par le ciel pour exemple à suivre dans les destinées les plus sublimes (1). »

M. Méchin a ensuite prononcé le discours suivant, au nom de sa députation :

« Messieurs,

« Les paroles que vous venez d'entendre iront droit au cœur de tous les Francais, et, traversant les mers, feront verser des pleurs dans les deux mondes sur la dépouille mortelle qui va disparaître à nos yeux.

« Mais nulle part elles ne retentiront avec un éclat plus terrible et plus funèbre que dans nos

____

(1) L'intempérie de la saison, et surtout la douleur profonde qu'a éprouvée l'honorable général dans cette triste cérémonie, ont tellement altéré sa santé, que ce n'est que huit jours après, qu'il lui a été possible de s'arracher à sa retraite, et il s'est empressé de venir déposer dans nos bureaux la somme de cinq cents francs, pour être versée dans la caisse de la souscription ouverte en faveur des enfans de son illustre ami.

(Constitutionnel.)

contrées naguère si heureuses et si fières de leur choix.

« Hélas! s'écrieront nos concitoyens, ce jeune soldat qu'on a vu, mûr pour la guerre avant l'âge, s'élancer aux plaines de Jemmapes, et combattre vingt-cinq ans sur tous les champs de bataille.... c'était notre député !

« Ce général non moins brillant au *forum* que dans les batailles, dont la parole commandait tour à tour l'enthousiasme et le recueillement, l'admiration et le silence, et souvent imposait une trève aux partis; ce grand orateur dont la tribune nationale est aujourd'hui veuve... c'était notre député !

« Ce guerrier, qu'un grand capitaine réservait aux plus hautes destinées militaires, et qui ne laisse pour héritage à ses enfans que des lauriers irréprochables et une épée sans tache; ce citoyen si pur, si dévoué, qui n'eût jamais consenti à acheter la fortune aux dépens de sa conviction et à échanger contre la faveur des cours ses palmes civiques.... il était notre député !

« Nos suffrages avaient enrichi la patrie de ses talens féconds et de ses vertus si rares.... Il a cessé de vivre. La patrie n'a-t-elle donc plus besoin de son secours, n'a-t-elle plus d'ennemis à combattre, de conquêtes à faire, et l'heure était-elle arrivée où Dieu devait récompenser une si belle vie par une si belle mort?

« Ah ! si notre illustre ami eût exhalé son

ame au milieu des camps , sur le théâtre de la victoire , son dernier regard eût remercié le ciel de lui avoir réservé une mort glorieuse !

« Il meurt au sein de la paix , entouré de sa femme désespérée , de ses jeunes enfans , de ses amis.... ! Les larmes , les sanglots de tout un peuple, ce concours, ces gémissemens , la consternation de la capitale , les regrets des partis les plus opposés , tout proclame sa gloire ; tout dit que Dieu fut bon , même au jour de ses rigueurs ; car jamais voie plus brillante ne fut ouverte à l'homme de bien qui va saisir la couronne de l'immortalité.

« C'est pour nous , ses collègues et ses amis , c'est pour sa famille éplorée , ses amis dans le deuil ; c'est pour le pays qui aimait à lui prodiguer ses suffrages , pour cette France , objet de son culte et de sa passion la plus ardente, que le ciel a réservé la douleur et la consternation.

« Bientôt vont recommencer nos débats solennels.... Nous chercherons en vain autour de nous ; nos yeux se fixeront sur cette place d'où nous le vîmes tant de fois s'élancer pour defendre les libertés du pays et le trône constitutionnel.

« Nous interrogerons sa mémoire ; nous demanderons des inspirations à nos souvenirs et à ses discours.... ; mais nous n'entendrons plus cette voix puissante qui frappait à tous les cœurs et maîtrisait tous les esprits.

« Il nous faudra long-temps plus que du courage pour surmonter, par le sentiment de nos devoirs, le poids qui nous accable.

« Ombre illustre et chérie ! entends nos accens et reçois nos adieux ! Par notre voix, ils te saluent, ces guerriers, tes compatriotes, dont tu fus le modèle, le consolateur et l'appui ; ils te saluent, ces bons laboureurs que tu aimais et qui te payaient d'un retour si sincère, qui t'attendaient chaque année, avec une si vive impatience, à la fin des travaux qui ajoutaient à ta renommée et à leur reconnaissance.

« Reçois les adieux de ces électeurs incorruptibles, fidèles à leur conscience, qui se glorifiaient de te couvrir de leurs suffrages ; de ceux-là mêmes, qui, en te refusant les leurs, se sentaient subjugués par l'ascendant d'une ame pure et d'un talent admirable.

« Ils te pleureront aussi bien amèrement, les citoyens de cette ville industrieuse dont tu te plaisais à visiter les ateliers, et qui, dans ses titres d'illustration, comptera l'honneur de t'avoir adopté.

« Le cœur brisé, tes collègues, tes amis te répètent : Adieu ! adieu ! que la terre te soit légère ! »

M. Ternaux a pris ensuite la parole, et s'est exprimé ainsi au nom du commerce :

« Comment trouver assez de larmes pour dé-

plorer dignement la perte que vient de faire, je
ne dis pas seulement notre chère patrie, mais
l'espèce humaine tout entière, puisque celui
qui en faisait un des plus beaux ornemens vient
de descendre au tombeau!

« O mort! qui nous arraches le général Foy
au moment où son existence s'agrandissant avec
ses illustres travaux, nous rendait ses services
plus utiles et plus précieux, jamais tu ne nous
parus plus cruelle que dans cet instant; jamais
tu ne prononças un arrêt plus fatal que celui
qui enlève à l'humanité un de ses plus zélés défenseurs; à l'armée, un de ses meilleurs et de ses
plus illustres guerriers; à la tribune, le plus éloquent de ses orateurs; à la politique, celui qui
y mettait le plus de vérité, de désintéressement
et de probité; à la France, le citoyen qui la servait avec le plus d'ardeur et de talent; à la société, un foyer de lumières, l'exemple de la
franchise et de la générosité; à sa famille, le
modèle des pères et des époux!

« O mort! jamais tu ne prononças un arrêt
qui doive retentir plus long-temps, avec plus
de violence et de douleur dans le cœur des
Français!

« Adieu, général! adieu! mes pleurs étouffe-
raient bientôt mes paroles. Pendant vingt ans
de ta vie, tu m'honoras de ton amitié; pendant
le reste de la mienne, tu auras mes regrets les
plus amers. »

Les Muses françaises se sont exprimées ainsi
par l'organe de M. Viennet :

Foy n'est plus! Liberté! prends tes voiles de deuil,
Et qu'un torrent de pleurs sillonne ton visage :
Dans l'éclat de sa gloire, au midi de son âge,
Ton plus cher défenseur vient d'entrer au cercueil,
Déesse du vieux Tibre et de Sparte et d'Athènes,
Foy n'est plus! la tribune a perdu son flambeau,
    Et la France son Démosthènes ;
Viens pleurer avec nous autour de son tombeau.

O ma patrie! objet de son pieux hommage,
Toi, que depuis trente ans s'honoraient de servir
    Son éloquence et son courage ;
Toi, dont l'oreille avide aimait à recueillir
    Les prodiges de sa parole,
Au cœur de tes enfans va long-temps retentir
Le coup affreux, le coup dont la parque l'immole.
    Ils répondront par des sanglots
Au cri que va pousser la triste Renommée,
    Et les vétérans de l'armée
Rediront en pleurant les exploits du héros.
Vous ne l'entendrez plus répéter vos louanges,
Vainqueurs de Marengo, d'Austerlitz, d'Iéna,
Compagnons de Kléber, guerriers de Masséna,
Vestiges mutilés de nos vieilles phalanges.
    A vos impuissans détracteurs,
Vous ne l'entendrez plus opposer votre gloire,
Ennoblir vos revers, et devancer l'histoire
    Dans ses arrêts consolateurs.
Eh! quelle voix plus digne eût loué ces vainqueurs,
Sous qui tomba cinq fois une ligue d'esclaves!
    Le modèle des orateurs
Ne fut-il pas aussi le modèle des braves ?
A peine sur nos bords, cernés de toutes parts,

Retentit de Brunswick l'insolente menace,
Il suit de nos vengeurs les nouveaux étendards;
Son âge est oublié par sa bouillante audace,
Et des jeux de l'enfance il vole aux jeux de Mars.
Il a vu Dumouriez dans les plaines belgiques,
Etouffer sous ses pieds les foudres germaniques
Qu'agitait sur nos fronts le courroux des Césars.
Il apprit les combats sous Custine et Dampierre.
Son coursier triomphant souleva la poussière
  Des champs d'Hondschoote et de Fleurus.
Aux rives de la Sambre il suivit la bannière
  De cette phalange guerrière
Où Rome eût retrouvé ses antiques vertus.
Mais qui pourrait compter les jours et les armées
Où ce grand citoyen, objet de ma douleur,
Parmi tant de héros et tant de renommées,
A fait de tant d'éclat resplendir sa valeur!
Son bras de l'Hellespont a défendu les rives;
Son sang a ruisselé sur les plages captives
Du Tage et du Wahal, du Danube et du Pô.
L'ennemi jusqu'au bout l'a trouvé dans nos lices,
Et celui dont Jemmape avait vu les prémices,
N'a déposé le fer qu'aux champs de Waterloo.
Il est tombé sanglant dans ce champ de carnage
Où les rois ont vengé leurs vingt ans d'esclavage;
Où les destins de l'aigle ont fini sous leurs coups.
Ses amis éplorés frémissaient pour sa vie;
Et la fille d'Hilliers, à ce héros unie,
  Pleurait le meilleur des époux.
Mais pour lui s'est ouverte une lice nouvelle,
Et ses vertus alors ont fléchi le tombeau.
A de nouveaux lauriers la liberté l'appelle,
  Et la palme de Mirabeau
Aux palmes de Desaix sur sa tête se mêle.
De nos droits menacés, éloquent défenseur,
Il laisse aux courtisans encenser la fortune;

Et tel qu'aux champs de Mars il s'offre à la tribune
    Sans reproche et sans peur.
Aux bienfaits du pouvoir, à son or corrupteur,
    Son cœur préfère les hommages
D'un peuple généreux, dont sa noble candeur
N'a jamais acheté ni trompé les suffrages;
Et ceux qu'il a blâmés, ceux qu'il a combattus,
Comme sa loyauté proclament son génie;
    Et la haine et la calomnie
Ont comme ses talens respecté ses vertus.
Eh! qui pourrait flétrir cette noble existence!
Qu'ils viennent, ces mortels dont la servilité,
    Dans les fils de la liberté,
Ne voit que les enfans de l'impure licence!
Ce tombeau leur dira que cet homme de bien,
Dans les jours de terreur où périssait la France,
Se fit des opprimés l'intrépide soutien;
Que le fer des bourreaux fut levé sur sa tête,
Et que de nos tyrans la trop lente défaite
Fut l'unique salut de ce grand citoyen.
La mort, dans aucun temps, n'effraya sa grande ame;
Il s'était, dès l'enfance, instruit à la braver.
Vers sa couche, à pas lents, il l'a vue arriver.
Les combats de ses jours avaient usé la trame.
Quand la mort l'a frappé, le héros était prêt.
Il consolait encor sa famille attendrie.
Il est tombé sans peur, mais non pas sans regret,
    Car il vivait pour la patrie.
Te voilà maintenant, sans voix et sans chaleur,
    Noble débris de cent batailles!
Magnanime guerrier, vertueux orateur,
Ah! la patrie en deuil marche à tes funérailles,
Et paie à ta mémoire un tribut de douleur!
Du séjour radieux où l'Eternel réside,
Ombre illustre, vois-tu cet immense concours?
La froide vanité, l'ambition perfide,
N'y traînent point la pompe et le faste des cours;

C'est un peuple éperdu qui te donne des larmes ;
Députés, citoyens, guerriers et magistrats,
   Tous les rangs et tous les états
Sont ici confondus dans les mêmes alarmes.
Reçois l'adieu plaintif de ce peuple attristé ;
Et jouis des honneurs que l'avenir t'apprête.
Ce peuple, dont ici ma voix est l'interprète,
   Est déjà la postérité.
Pour toi vient de s'ouvrir le temple de mémoire ;
Et les fastes français, enrichis de ta gloire,
T'ont voué dès long-temps à l'immortalité.

Il était alors huit heures. Plusieurs honorables amis de M. Foy n'avaient pu parvenir jusqu'à sa tombe, et faire entendre l'expression de leurs regrets. Nous nous faisons un devoir de publier les discours qui devaient être prononcés par deux anciens collègues de l'illustre député, dignes émules de ses talens oratoires, et dont l'un a partagé ses travaux guerriers.

M. le général Sébastiani avait préparé ce discours :

« La mort du général Foy enlève à l'armée un vaillant et expérimenté capitaine, à la France un éloquent et courageux défenseur de ses droits, de ses institutions. Les travaux de l'homme d'état ont abrégé des jours qu'avaient respectés vingt-cinq ans de guerre. Cette tombe s'ouvre à côté de celle de nos plus illustres chefs, Masséna, Davoust, Ney. Le général Foy marche immédiatement après eux dans la carrière des armes; il est le plus grand de nos orateurs. La paix devait ouvrir pour lui de nouvelles sources de gloire; la paix l'a donné à la tribune, où il a continué de combattre pour son pays, et sa noble destinée s'est accomplie : il est mort pour la défense de sa patrie.

« Une plus longue carrière lui était promise; mais il a été consumé par le feu qui le dévorait : il est tombé victime de son génie. Il lègue à ses enfans un nom impérissable avec une honorable pauvreté, à ses amis une mémoire chérie, à la France entière d'illustres exemples à suivre. Aucun ne répudiera ce legs d'un grand citoyen. Oui, tant qu'il y aura en France du génie et des vertus, le nom du général Foy y recevra le culte que méritent les vertus et le génie. »

Voici le discours que M. B. Constant n'a pu prononcer :

« Le concours immense de citoyens de tous les âges, de tous les états, de toutes les opinions, la profonde douleur empreinte sur leurs traits, les larmes près de couler de tous les yeux, tant de nobles et brillans souvenirs qui remplissent et qui déchirent toutes les ames, m'avertissent que les paroles sont presque superflues dans cette occasion triste et solennelle. Vous pardonnerez cependant, je l'espère, à un collègue du grand citoyen que nous pleurons, à un témoin de ses efforts constans pour défendre les libertés nationales, à celui qui admira de si près son éclatante et mâle éloquence, s'il vous arrête quelques instans aux bords de la fosse prête à engloutir prématurément tant de vertus, de talens et de courage.

« Je ne retracerai point ses faits militaires : gravés dans les fastes de la gloire française, ils se rattachent à toutes les époques où le sol français dut être préservé du joug étranger : et c'est en dire assez que de rappeler que son illustre carrière commence à Jemmapes et finit à Waterloo. J'ajouterai seulement que, défenseur ardent de l'indépendance de sa patrie, ami passionné de la liberté, il distingua toujours cette liberté sainte des excès qui la souillèrent; qu'il ne fut pas moins intrépide devant la hache des proconsuls que devant le canon de l'ennemi; et que tandis que Lafayette subissait, dans les cachots d'Olmutz, une lente agonie, Foy, dans les cachots de Valenciennes ou d'Arras, attendait l'échafaud plus prompt que lui destinaient les décemvirs. Tant il est vrai que la tyrannie, quelque nom qu'elle porte, se choisit ses victimes parmi les ornemens de l'humanité !

« C'est sur les travaux législatifs du général Foy que j'appellerai votre attention. Qui de nous n'a pas présente à l'esprit son entrée dans cette chambre élective, destinée par la Charte à ne recevoir que des hommes revêtus du suffrage li-

bre de leurs commettans, et qui, par là même,
sous le rapport de l'intégrité et des lumières,
devrait contenir l'élite de la population et former
le boulevard des libertés de la France. Nous le
vîmes prendre place parmi nous, déjà couvert de
cicatrices glorieuses, mais dans la force de l'âge,
et portant sur son front cette noble assurance
que justifiaient de nombreux exploits. Nous
n'attendions qu'un général célèbre, et dès ses
premières paroles, nous reconnûmes en lui le
premier de nos orateurs ! Tantôt riche de faits
et d'investigations infatigables, il poursuivait ses
adversaires au sein du pouvoir, d'argumens pres-
sans et irrésistibles. Tantôt sa voix tonnante flé-
trissait du haut de la tribune l'arbitraire et la
corruption. On s'associait, en l'écoutant, à son
ame si pure et si fière. On devenait meilleur à
mesure qu'il parlait, et quand nous l'avions entendu, nos poitrines long-temps oppressées,
respiraient plus à l'aise.

« Aucun député n'a mieux connu, mieux ex-
pliqué tous les détails de l'administration, en même temps que nul n'a plus largement développé
ces maximes constitutionnelles sur lesquelles re-
posent l'ensemble de notre gouvernement et les
garanties politiques de la France. Lorsqu'il exa-
minait les questions partielles, on eût dit un ad-
ministrateur vieilli dans la carrière de l'exacti-
tude et des faits, et possédant par une longue
routine, tous les secrets et toutes les dates d'une